MR.

TAXI

00 421 90 85 05 101

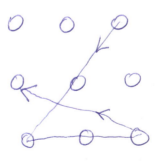

A Conversational Phrasebook

Slovak for You

with pronunciation

PRÍRODA

Edited by Ing. Iveta Božoňová

English language editor Dr. James Aitken
Transliteration Lucia Faltinová

Copiright © Vydavateľstvo Príroda, s. r. o., Bratislava 2004, 2008

Cover: Zdeněk Bašta – GRAFIX

Third Edition
Published by Vydavateľstvo Príroda, s. r. o., Bratislava 2008
Editing Management Magdaléna Belanová
Technical Management Darina Mrláková
Print NIKARA, Krupina
Publication Number 8771

ISBN 978-80-07-01721-4

Vydavateľstvo Príroda, s. r. o., Koceľova 17, 821 08 Bratislava 2
Tel./fax: 00421 2 55 42 51 60, e-mail: priroda@priroda.sk

www.priroda.sk

Contents

Introduction

You have in your hand a little guidebook that hopes to help every foreign visitor to Slovakia. You will find here some basic expressions and phrases that you might need in everyday situations. All phrases are divided into topics, so that you can easily find the required expression. This guidebook contains the most common sentences and likely answers used most often by tourists.

The guidebook is arranged into sixteen chapters, some of which are arranged into subchapters. At the end of each chapter you can find a short vocabulary with expressions based on the theme of the chapter. In some cases you will also find a pronunciation of the word [in square brackets]. Every chapter has a heading so you can quickly find the phrase you need.

You will need to know something about the Slovak language if you want to use this guidebook. There is no discussion of Slovak grammar. You will only find here sentences, questions and possible answers. We believe that this is the best way for you to become familiar with Slovakia, its life, its history and its people.

On Pronunciation

In Slovak you will find there are special symbols that modify the pronunciation of a given letter. The **stress** in Slovak words is on the first syllable. When a word has more than two syllables, there is a second stress on the third syllable.

Sometimes you will find a mark similar to an **apostrophe** over a vowel *(príroda)*. These are **to be** pronounced as long vowels. In transliteration, the meaning of this is the same as a colon in the international phonetic system.

Another mark is **cupped symbol** above the consonant, which tells you that this consonant should be softened. The pronunciation is similar to there being a y after it (ň is read like in the word *nuisance*). Consonants d, t, n, l can be also softened when followed by i or e. Below is an explanation of Slovak pronunciation.

a   [a] as in *puck*
á   [a:] as in *ah*
ä   [æ] as is *egg* (same pronunciation as Slovak „e")
c   [ts] as in *cats*
č   [tch] as in *Churchill*
ď   [dj] as in *duty*
dz [dz] as in *roads*
dž [dzh] as in *just*
e   [e] as in *egg*
é   [e:] as in *fair*
g   [gh] as in *goose*
ch [kh] as in Scottish *loch*

h	[h]	as in **h**ogg
i	[i]	as in n**i**ll
í	[i:]	as in *wheel*
j	[y]	as in **y**olk
ľ	[lj]	as in va**lu**e
ĺ	[l:]	pronounce longer than regular „l"
ň	[nj]	as in **n**ew
o	[o]	as *octopus*
ó	[o:]	as in *goal*
ô	[uo]	as in **wh**at
r	[r]	is rolled (trilled) as in Scottish English
ŕ	[r:]	pronounce longer than regular „r"
š	[sh]	as in *shoe*
ť	[tj]	as in *tune*
u	[u]	as in g**oo**d
ú	[u:]	as in *boot*
y	[i]	as in *slowly* (same pronunciation as Slovak „i")
ý	[i:]	as in *wheel* (same pronunciation as Slovak „í")
ž	[zh]	as in *leisure*

Additional notes on pronouciation

ia, ie, iu – add short „i" before the second vowel
au, eu, ou – add English „w" after the vowel, e.g. rukou (by hand) [ru-kow]

b – is sometimes pronounced as „p", e.g. dub (oak) [dup]
d – is sometimes pronouced as „t", e.g. hrad (castle) [hrat]
k – is sometimes pornouced as „g", e.g. kde (where) [gdje]

h – is sometimes pronounced as Slovak „ch", e.g. vlhký (wet) [vlkh-ki:]

v – at the end of the word, is sometimes pronouced as „u": e.g. otcov (father's) [o-tsou]

v – at the beginning of the word, is sometimes pronounced as „f": e.g. vták (bird) [fta:k], včela (bee) [ftche-la] or when used as a preposition: v káve (in coffee) [fka:ve]

s – is sometimes pronounced as „z", e.g. s matkou (with mother) [zmat-kou]

ž – is sometimes pronounced as Slovak „š", e.g. ťažká (heavy) [tjash-ka:]

Prepositions are pronouced as a part of the subsequent word.

1. Basic expressions and phrases

yes	áno [a:no]
no	nie [njie]
city map	plán mesta [pla:n mes-ta]
to the left	doľava [do-lja-va]
to the right	doprava [do-pra-va]

■ ■ ■

Take a seat.	Posaďte sa. [po-sadj-tje sa]
Could you help me?	Môžete mi pomôcť? [muo-zhe-tje mi po-muots-tj]
Just a second.	Počkajte chvíľku. [po-tchkay-tje khvi:lj-ku]
I don't know.	Neviem. [nje-viem]
Certainly.	Určite. [ur-tchi-tje]
I'm lost.	Zablúdil som. [za-blu:djil som]
I don't understand.	Nerozumiem. [nje-ro-zu-miem]
I am a foreigner.	Som cudzinec. [som tsu-dzi-njets]
Please speak slowly	Hovorte, prosím, pomaly. [ho-vor-tje prosi:m po-ma-li]
Write it down for me, please.	Prosím, napíšte mi to. [prosi:m na-pi:sh-tje mi to]

Could you say it again, please?	Môžete mi to zopakovať, prosím? [muo-zhe-tje mi to zo-pa-ko-vatj prosi:m]
Could you spell it, please?	Vyhláskujte mi to, prosím. [vi-hla:s-kuy-tje mi to prosi:m]
How much does it cost?	Koľko to stojí? [koljko to sto-yi:]
Can you show me (on this map) ... street?	Ukážte mi, prosím, (na pláne mesta) ... ulicu. [u-ka:zh-tje mi prosi:m (na pla:-nje mes-ta) u-li-tsu]
... museum.	... múzeum. [mu:zeum]
... church.	... kostol. [kos-tol]
... university.	... univerzitu. [u-ni-ver-zitu]
... castle.	... zámok. [za:mok]
... townhall.	... radnicu. [rad-nji-tsu]
... information bureau.	... informačnú kanceláriu. [in-for-match-nu: kan-tse-la:riu]
How far is it to...?	Ako ďaleko je...? [ako dja-le-ko ye]

2. Greetings and polite phrases

Good morning.	Dobré ráno./Dobrý deň.
	[do-bre: ra: no/do-bri: djenj]
Good afternoon.	Dobrý deň. [do-bri: djenj]
Good evening.	Dobrý večer.
	[do-bri: ve-tcher]
Good night.	Dobrú noc. [dob-ru: nots]
Goodbye.	Dovidenia. [do-vi-dje-njia]
Hello./Hi.	Ahoj. [a-hoy]
See you soon.	Do skorého videnia.
	[do sko-re:ho vi-dje-njia]
See you later.	Dovidenia neskôr.
	[do-vi-dje-njia ne-skuor]
Thank you./Thanks.	Ďakujem. [dja-ku-yem]
Please.	Prosím. [prosi:m]
Here you are.	Nech sa páči.
	[njekh sa pa:tchi]
Have a nice stay.	Želám vám príjemný pobyt.
	[zhe-la:m va:m pri:yem-ni:
	po-bit]
I am sorry.	Ľutujem/ospravedlňujem sa.
	[lju-tu-yem/
	os-pra-ve-dl-nju-yem sa]
Excuse me, please.	Prepáčte, prosím./Dovolíte?
	[pre-pa:tch-tje prosi:m/
	do-vo-li:tje]

It doesn't matter.	Nič sa nestalo.
	[njitch sa nje-sta-lo]
Thank you for your kindness.	Ďakujem vám za láskavosť.
	[dja-ku-yem za la:s-ka-vostj]
Not at all.	Niet za čo. [njiet za tcho]
Come in, please.	Vstúpte. [fstu:p-tje]
Wait a moment, please.	Počkajte chvíľku, prosím.
	[potch-kay-tje khvi:ljku prosi:m]
Would you like some coffee?	Dáte si kávu? [da:tje si ka:vu]
... tea?	... čaj? [tchay]
Yes, please.	Áno, ďakujem.
	[a:no dja-ku-yem]
No, thank you.	Nie, ďakujem.
	[njie dja-ku-yem]

3. Public notices

Entrance	Vstup [fs-tup]
No entry	Vstup zakázaný [fs-tup za-ka:za-ni:]
Exit/Way out	Východ [vi:khod]
Emergency exit	Núdzový východ [nu:dzo-vi: vi:khod]
No smoking	Zákaz fajčiť [za:-kas fay-tchi-tj]
Non-smoker	Nefajčiar [nje-fay-tchiar]
Beware! Danger!	Pozor! Nebezpečenstvo! [po-zor nje-bes-pe-tchen-stvo]
Attention!	Pozor! [po-zor]
Arrival	Príchod [pri:khot]
Departure	Odchod [ot-khot]
Silence, please	Zachovajte ticho! [za-kho-vay-tje tji-kho]
Push	Tlačiť [tla-tchi-tj]
Pull	Ťahať [tja-hatj]
Lavatory/WC	Záchody [za:kho-di]
Public conveniences/ Public Toilets	Verejné záchody [ve-rey-ne: za:kho-di]
Gents (Gentlemen), Ladies/Male, Female	Páni, Dámy/Muži, Ženy [pa:nji da:mi/mu-zhi zhe-ni]

Boys/Girls	Chlapci/Dievčatá [khlap-tsi/djieu-tcha-ta:]
Bathroom/Restroom/ **Washroom/Toilet**	Záchod/Toalety [za:khot/toa-leti]
Drinking water	Pitná voda [pit-na: voda]
Not drinking water	Úžitková voda [u:zhit-ko-va: voda]
Fasten your seat belts!	Pripútajte sa! [pri-pu:tay-te sa]
Don't lean out of the **window!**	Nevykláňajte sa z okien! [nje-vi-kla:njay-tje sa zo-kien]
English spoken here.	Hovoríme po anglicky. [hovo-ri:me poan-glits-ki]
French spoken here.	Hovoríme po francúzsky. [hovo-ri:me po fran-tsus-ki]
German spoken here.	Hovoríme po nemecky. [hovo-ri:me po nje-mets-ki]
Spanish spoken here.	Hovoríme po španielsky. [hovo-ri:me po shpa-njiel-ski]

4. Introductions

What is your name?	Ako sa voláš?
	(familiar form)
	[ako sa vo-la:sh]
	Ako sa voláte?
	(polite form)
	[ako sa vo-la:tje]
My name is...	Volám sa... [vola:m sa]
How do you do?	Teší ma. [tje-shi: ma]
How are you?	Ako sa máte?
	[ako sa ma:tje]
Very well, thank you.	Ďakujem, dobre.
	[dja-ku-yem dobre]

5. General data

Cardinal numbers

1	jeden	[ye-den]
2	dva	[dva]
3	tri	[tri]
4	štyri	[shti-ri]
5	päť	[petj]
6	šesť	[shestj]
7	sedem	[se-djem]
8	osem	[o-sem]
9	deväť	[dje-vetj]
10	desať	[dje-satj]
11	jedenásť	[yede-na:stj]
12	dvanásť	[dva-na:stj]
13	trinásť	[tri-na:stj]
14	štrnásť	[shtr-na:stj]
15	pätnásť	[pet-na:stj]
16	šestnásť	[shes-na:stj]
17	sedemnásť	[se-djem-na:stj]
18	osemnásť	[o-sem-na:stj]
19	devätnásť	[dje-vet-na:stj]
20	dvadsať	[dva-tsatj]
21	dvadsaťjeden	[dva-tsatj-ye-den]
22	dvadsaťdva	[dva-tsatj dva]
30	tridsať	[tri-tsatj]

40	štyridsať	[shti-ri-tsatj]	
50	päťdesiat	[pe-dje-siat]	
60	šesťdesiat	[shes-dje-siat]	
70	sedemdesiat	[se-djem-dje-siat]	
80	osemdesiat	[o-sem-dje-siat]	
90	deväťdesiat	[dje-ve-dje-siat]	
100	sto	[sto]	
101	stojeden	[sto-yeden]	
102	stodva	[sto-dva]	
200	dvesto	[dve-sto]	
300	tristo	[tri-sto]	
900	deväťsto	[dje-vets-sto]	
1 000	tisíc	[tji-si:ts]	
2 000	dvetisíc	[dve-tji-si:ts]	
3 568	tritisícpäťsto-	[tri-tji-si:ts pets-to	
	šesťdesiatosem	shez-dje-siat o-sem]	
1 000 000	milión	[milio:n]	

Ordinal numbers

first	prvý	[pr-vi:]	1.
second	druhý	[dru-hi:]	2.
third	tretí	[tre-tji:]	3.
fourth	štvrtý	[shtvr-ti:]	4.
fifth	piaty	[pia-ti]	5.
sixth	šiesty	[shies-ti]	6.
seventh	siedmy	[sied-mi]	7.
eighth	ôsmy	[uos-mi]	8.
ninth	deviaty	[dje-via-ti]	9.

tenth	desiaty	[dje-sia-ti]	10.
eleventh	jedenásty	[ye-de-na:s-ti]	11.
twelfth	dvanásty	[dva-na:s-ti]	12.
thirteenth	trinásty	[tri-na:s-ti]	13.
twentieth	dvadsiaty	[dva-tsia-ti]	20.
twenty-first	dvadsiaty prvý	[dva-tsia-ti pr-vi:]	21.
thirtieth	tridsiaty	[tri-tsia-ti]	30.
fourtieth	štyridsiaty	[shti-ri-tsia-ti]	40.
hundredth	stý	[sti:]	100.

Fractions

1/2	jedna polovica	[yed-na po-lo-vi-tsa]
1/3	jedna tretina	[yed-na tre-tji-na]
2/3	dve tretiny	[dve tre-tji-ni]
1/4	jedna štvrtina	[yed-na shtvr-tji-na]
1/10	jedna desatina	[yed-na dje-sa-tji-na]
3/10	tri desatiny	[tri dje-sa-tji-ni]
1/100	jedna stotina	[yed-na sto-tji-na]

Time expressions

Wait a moment, please. Počkajte chvíľu, prosím.
[potsch-kay-tje khvi:lju prosi:m]

There's not much time left. Zostáva nám málo času.
[zos-ta:va na:m ma:lo tcha-su]

It's a waste of time.	Je to strata času.
	[ye to stra-ta tcha-su]
He left a moment ago.	Odišiel pred chvíľou.
	[odi-shiel pred khvi:ljou]
I'll be back in a moment.	Vrátim sa o chvíľu.
	[vra:tjim sa okh-vi:lju]
How long are you going to stay?	Ako dlho sa zdržíte?
	[ako dl-ho sa zdrz-zhi:tje]
I'll come at once.	Prídem hneď.
	[pri:djem hnjedj]
I'll come some other time.	Prídem inokedy.
	[pri:djem i-no-kedi]
I'll come again.	Prídem znovu.
	[pri:djem zno-vu]
Some time ago.	Prednedávnom.
	[pred-nje-da:v-nom]
What's the time?	Koľko je hodín?
	[koljko ye ho-dji:n]
It's one o'clock.	Je jedna hodina.
	[ye yed-na ho-dji-na]
It's three o'clock.	Sú tri hodiny.
	[su: tri ho-dji-ni]
It's a quarter past three.	Je štvrť na štyri.
	[ye shtvrtj na shti-ri]
It's half past three.	Je pol štvrtej.
	[ye pol shtvr-tey]
It's a quarter to five.	Je tri štvrte na päť.
	[ye tri-shtvr-tje na petj]
It's five past ten.	Je desať hodín a päť minút.
	[ye dje-satj ho-dji:n a petj mi-nu:t]

It's five to eight.	Je o päť minút osem.
	[ye o petj mi-nu:t o-sem]
It's twenty past three.	Je štvrť na štyri a päť minút.
	[ye shtvrtj na shti-ri a petj mi-nu:t]
It's twenty-five to five.	Je pol piatej a päť minút.
	[ye pol pia-tey a petj mi-nu:t]
It's five p.m.	Je sedemnásť hodín., *ofic.*/ Je päť hodín.
	[ye se-djem-na:stj ho-dji:n/ ye petj ho-dji:n]
It's about ten.	Je asi desať hodín.
	[ye asi dje-satj ho-dji:n]
It's past two o'clock.	Sú dve hodiny preč.
	[su: dve ho-dji-ni pretch]

■ ■ ■

in the morning	ráno [ra:-no]
at noon	na obed [nao-bet]
in the evening	večer [ve-tcher]
at night	v noci [vno-tsi]
today	dnes [dnjes]
yesterday	včera [ftche-ra]
tomorrow	zajtra [zay-tra]
the day after tomorrow	pozajtra [pozay-tra]
in a week's time	za týždeň [za-ti:zh-djenj]
this week	tento týždeň [tento ti:zh-djenj]
in a month's time	za mesiac [za-me-siats]

23rd July

23. júla
[dva-tsia-te-ho tre-tje-ho
yu:la]

Parts of the day

day	deň [djenj]
night	noc [nots]
morning	ráno/dopoludnia [ra:no/do-po-lud-njia]
noon	poludnie [po-lud-njie]
afternoon	popoludní [po-po-lud-nji:]
evening	večer [ve-tcher]
midnight	polnoc [pol-nots]

Days of the week

week	týždeň [ti:zh-djenj]
Monday	pondelok [pon-dje-lok]
Tuesday	utorok [u-to-rok]
Wednesday	streda [stre-da]
Thursday	štvrtok [shtvr-tok]
Friday	piatok [pia-tok]
Saturday	sobota [so-bo-ta]
Sunday	nedeľa [nje-dje-lja]

The months

year	rok [rok]
month	mesiac [me-siats]
January	január [ya-nu-a:r]
February	február [feb-ru-a:r]
March	marec [ma-rets]
April	apríl [ap-ri:l]
May	máj [ma:y]
June	jún [yu:n]
July	júl [yu:l]
August	august [au-gust]
September	september [sep-tem-ber]
October	október [ok-to:ber]
November	november [no-vem-ber]
December	december [de-tsem-ber]

The seasons

the season	ročné obdobie [rotch-ne: ob-do-bie]
spring	jar [yar]
summer	leto [leto]
autumn	jeseň [ye-senj]
winter	zima [zi-ma]

Measures and weights

[American: meter/gram or English: metre, gramme]

gram	gram [gram]
kilogram	kilogram = 1000 g [ki-lo-gram]
dekagram	dekagram = 10 g [de-ka-gram]
metre	meter = 100 cm [me-ter]
centimetre	centimeter [tsen-ti-me-ter]
kilometre	kilometer [ki-lo-me-ter]
litre	liter =10 dl [li-ter]
decilitre	deciliter [de-tsi-liter]
half a litre	pol litra [pol li-tra]
a quarter of a litre	štvrť litra [shtvrtj li-tra]

This is how the British system and the metric system compare:

an ounce = 28 grams   a mile = 1 609 m
a pound = 0,45 kg   a pint = 0,568 l
an inch = 2,54 cm   a quart = 1,136 l
a foot = 0,304 m   a gallon (UK) = 4,546 l
a yard = 0,91 m

One litre of milk, please.	Prosím si liter mlieka. [prosi:m si li-ter mlie-ka]
I'd like half a pound of tea./I'd like 200 grams of tea.	Dajte mi dvadsať deka(gramov) čaju [day-tje mi dva-tsatj de-ka(gra-mou) tcha-yu]

What's your height?	Koľko meriate?
	[koljko me-ria-tje]
I'm 1,80 metres tall.	Meriam meter osemdesiat.
	[me-riam meter
	osem-dje-siat]

■ ■ ■

a few	zopár [zo-pa:r]
a packet of cigarettes	balíček cigariet
	[ba-li:tchek tsi-ga-riet]
a pair/a couple	pár [pa:r]
bottle	fľaša [flja-sha]
box	škatuľa [shka-tu-lja]
carrier bag	taška (plastová, papierová)
	[tash-ka (plas-to-va:,
	pa-pie-ro-va:)]
one piece/one of those	jeden kus/jeden z tých
	[ye-den kus/ye-den sti:kh]
paper bag	papierové vrecko
	[pa-pie-rove: vrets-ko]
roll of film	jeden film [ye-den film]
several	niekoľko [njie-kolj-ko]
tin/can	konzerva/plechovka
	[kon-zer-va/ple-khou-ka]
tube	tuba [tu-ba]
two pieces/two of those	dva kusy/dva z tých
	[dva ku-si/dva sti:kh]

Currency

Slovak crown	slovenská koruna [slo-ven-ska: ko-ru-na]
1 crown = 100 hellers	1 koruna = 100 halierov [1 ko-ru-na = 100 ha-lie-rou]
British pound	britská libra [brits-ka: lib-ra]
1 pound = 100 pence	1 libra = 100 pencí
(1 penny)	[a lib-ra = 100 pen-tsi:]
American dollar	americký dolár [a-merits-ki: do-la:r]
1 dollar = 100 cents	1 dolár = 100 centov [1 do-la:r = 100 tsen-tou]
Australian dollar	austrálsky dolár [aus-tra:l-ski do-la:r]
Canadian dollar	kanadský dolár [ka-nats-ki: do-la:r]
Swiss Franc	švajčiarsky frank [shvay-tchiar-ski frank]
Euro	euro [euro]
1 Euro = 100 cents	1 euro = 100 eurocentov [1 eu-ro = 100 euro-tsen-tou]

Weather

It's cold.	Je zima. [ye zi-ma]
It's warm.	Je teplo. [ye tjep-lo]
It's raining.	Prší. [pr-shi:]
It's stormy.	Je búrka. [ye bu:r-ka]
The wind is blowing.	Fúka vietor. [fu:ka vie-tor]

| It's snowing. | Sneží. [snje-zhi:] |
| It's lovely. | Je krásne. [ye kra:s-ne] |

Colours

beige	béžová [be:zho-va:]
black	čierna [tchier-na]
blue	modrá [mod-ra:]
brown	hnedá [hnje-da:]
golden	zlatá [zla-ta:]
green	zelená [ze-le-na:]
grey	sivá [si-va:]
orange	oranžová [o-ran-zho-va:]
pink	ružová [ru-zho-va:]
red	červená [tcher-ve-na:]
silver	strieborná [strie-bor-na:]
violet	fialová [fia-lo-va:]
white	biela [bie-la]
yellow	žltá [zhl-ta:]
dark	tmavá [tma-va:]
light/bright	svetlá [svet-la:]

6. At the customs

Your passport, please.	Váš pas, prosím. [va:sh pas prosi:m]
You passport is not valid.	Váš pas je neplatný. [va:sh pas ye nje-plat-ni:]
Do you have anything to declare?	Máte niečo na preclenie? [ma:tje njie-tcho na-pre-tsle-njie]
I have some presents.	Mám niekoľko darčekov. [ma:m njie-kolj-ko dar-tche-kou]
Open your luggage.	Otvorte batožinu. [ot-vor-tje ba-to-zhi-nu]
These things are not duty-free.	Tieto veci podliehajú clu. [tie-to ve-tsi pod-lie-ha-yu: tslu]
How much do I have to pay?	Koľko musím zaplatiť? [koljko mu-si:m za-pla-tjitj]
This is not allowed.	Toto nie je dovolené prevážať. [toto njie ye do-vo-le-ne: pre-va:zhatj]
Is this your luggage?	Je toto vaša batožina? [ye toto va-sha ba-to-zhi-na]
... bag?	… vaša taška? [va-sha tashka]

... suitcase?	… váš kufor? [va:sh kufor]
Open it, please.	Otvorte to, prosím. [ot-vor-tje to prosi:m]
Have you any money?	Máte nejaké peniaze? [ma:tje nje-ya-ke: pe-njia-ze]
May I see it?	Môžem ich vidieť? [muo-zhem ikh vi-djietj]
Do you have your entry visa?	Máte vstupné vízum? [ma:tje vstup-ne: vi:zum]

■ ■ ■

customs clearance	colné odbavenie [tsol-ne: od-ba-ve-njie]
customs office	colnica [tsol-ni-tsa]
customs officer	colník [tsol-ni:k]
form	formulár [for-mu-la:r]
passport	pas [pas]
passport control	pasová kontrola [pa-so-va: kon-tro-la]
permit	povolenie [po-vo-le-njie]
visa	víza [vi:za]

Sometimes you have to fill in several forms with personal data. Here you will find most of the expressions you will need.

Surname, family name	Priezvisko [priez-vis-ko]
Forename, given name	Meno [meno]
Date of birth/born	Dátum narodenia/narodený [da:tum na-ro-dje-njia/na-ro-dje-ni:]
Place of birth	Miesto narodenia [mies-to na-ro-dje-njia]
Country, nationality	Krajina, štátna príslušnosť [kraina, shta:t-na pri:s-lush-nostj]
Residence	Bydlisko [bid-lis-ko]
Profession	Povolanie [po-vo-la-njie]
Marital status	Stav [stau]
Married, single, divorced, widowed	ženatý/vydatá, slobodný, rozvedený, ovdovený [zhe-na-ti:/vi-da-ta:, slo-bod-ni:, roz-ve-dje-ni:, ov-do-ve-ni:]
Identity card	Preukaz totožnosti [preu-kas to-tozh-nos-tji]
Passport number	Číslo cestovného pasu [tchi:s-lo tses-tov-ne:ho pasu]
Place of issue/issued at	Miesto vydania/vydaný v... [mies-to vi-da-njia/vi-da-ni: v]
Date of issue/issued by	Dátum vydania/vydaný kým [da:tum vi-da-njia/vi-da-ni: ki:m]
Date of arrival	Dátum príchodu [da:tum pri:kho-du]
Persons travelling with applicant	Spolucestujúce osoby [spolu-tses-tu-yu:tse o-so-bi]
Signature	Podpis [pot-pis]

7. Accommodation

Can I get information about accommodation in this town?
Môžem dostať informácie o ubytovacích možnostiach v tomto meste?
[muo-zhem dos-tatj informa:-tsie o-ubi-to-va-tsi:kh mozh-nos-tjiakh ftom-to mes-tje]

Where is the information about hotels?
Kde nájdem informácie o hoteloch?
[gdje na:y-djem informa:tsie o-ho-te-lokh]

Which is the nearest good hotel?
Ktorý je najbližší dobrý hotel?
[kto-ri: ye nay-blishi: hotel]

I need a good hotel in the centre of town.
Potrebujem dobrý hotel v centre.
[pot-re-bu-yem dob-ri: hotel ftsen-tre]

Where is the nearest motel?
Kde je najbližší motel?
[gdje ye nay-blish-shi: motel]

Do you have any vacancies?
Máte voľné izby?
[ma:tje volj-ne: izbi]

How many nights?
Na koľko nocí?
[na koljko notsi:]

For three nights.	Na tri noci. [na tri notsi]
Sorry, we're full up.	Ľutujem, sme plne obsadení. [lju-tu-yem sme plnje ob-sa-dje-ni:]
Can you recommend another good hotel?	Môžete mi odporučiť nejaký iný dobrý hotel? [muo-zhe-tje mi ot-po-ru-tchitj nje-ya-ki: dob-ri: hotel]
I want a single room.	Chcem jednoposteľovú izbu. [kh-tsem yedno-pos-tje-ljovu: izbu]
I want a double room.	Chcem dvojposteľovú izbu s manželskou posteľou. [kh-tsem dvoy-pos-tje-ljovu: izbu zman-zhel-skou pos-tje-ljou]
I want a twin room.	Chcem dvojposteľovú izbu s dvoma posteľami. [kh-tsem dvoy-pos-tje-ljovu: izbu zdvo-ma pos-tje-lja-mi]
I want a room for three.	Chcem trojposteľovú izbu. [kh-tsem troy-pos-tje-ljo-vu: izbu]
How much is bed and breakfast?	Koľko stojí nocľah s raňajkami? [koljko stoyi: nots-ljakh zra-njay-ka-mi]
… without breakfast?	… bez raňajok? [be-zra-nja-yok]

We want full board.	Chceme plnú penziu.
	[kh-tse-me plnu: pen-ziu]
We want half board.	Chceme polpenziu.
	[kh-tse-me pol-pen-ziu]
Is there a bath or shower in the room?	Je v izbe kúpeľňa alebo sprcha?
	[ye viz-be ku:pelj-nja alebo spr-kha]
Should I pay in advance?	Treba zaplatiť vopred?
	[tre-ba za-pla-tjitj vo-pred]
Do I pay when leaving?	Budem platiť pri odchode?
	[bu-djem pla-tjitj pri od-khodje]
Please fill out this form.	Vyplňte, prosím, tento formulár.
	[vi-plnj-te prosi:m ten-to for-mu-la:r]
Your passport, please.	Váš pas, prosím.
	[va:sh pas prosi:m]
You can collect your passport in an hour's time.	Pas si môžete vyzvihnúť o hodinu.
	[pas si muo-zhe-tje viz-dvih-nu:tj oho-dji-nu]
Here's your key.	Nech sa páči váš kľúč.
	[njekh sa pa:tchi va:sh klju:tch]

Camping

Do you have space?	Máte tu ešte miesto?
	[ma:tje tu esh-tje mies-to]
How much do you charge per night?	Koľko sa platí za noc?
	[koljko sa pla-tji: za-nots]
Can we rent a chalet here?	Môžeme si prenajať chatku?
	[muo-zhe-me si pre-na-yatj khat-ku]
Where can we put up our tent?	Kde si môžeme postaviť stan?
	[gdje si muo-zhe-me pos-ta-vitj stan]
May I leave my car by the tent?	Môžem si nechať auto vedľa stanu?
	[muo-zhem si nje-khatj auto ved-lja sta-nu]
... chalet?	... chatky? [khat-ki]
Are there any cooking facilities?	Dá sa tu niekde variť?
	[da: sa tu njiek-dje va-ritj]
Do you provide tents?	Požičiavate stany?
	[po-zhi-tchia-va-tje sta-ni]
... air-mattresses?	... nafukovačky?
	[na-fu-ko-vatch-ki]
... sleeping bags?	... spacie vaky?
	[spa-tsie va-ki]

■ ■ ■

air-mattress	nafukovačka
	[na-fu-ko-vatch-ka]
bathroom	kúpeľňa [ku:-pelj-nja]

35

bed and breakfast	nocľah s raňajkami [nots-ljakh zra-njay-ka-mi]
bed without breakfast	nocľah bez raňajok [nots-ljakh bez-ra-nja-yok]
bill	účet [u:tchet]
double room	dvojposteľová izba s manželskou posteľou [dvoy-pos-tje-ljo-va: iz-ba zman-zhel-skou po-stje-ljou]

■ ■ ■

full board	plná penzia [plna: pen-zia]
half board	polpenzia [pol-pen-zia]
hotel	hotel [hotel]
chalet	chata [khata]
key	kľúč [klju:tch]
mountain hotel	horský hotel [hor-ski: hotel]
shower	sprcha [spr-kha]
single room	jednoposteľová izba [yedno-pos-tje-ljo-va: iz-ba]
sleeping bag	spací vak [spa-tsi: vak]
suite	apartmán [apart-ma:n]
twin room	izba s dvoma posteľami [iz-ba zdvo-ma pos-tje-lja-mi]

8. Travelling

Train

Can you give me some travel information?	Môžete mi dať nejaké informácie o cestovaní? [muo-zhe-tje mi datj nje-ya-ke: informa:tsie o-cesto-va-nji:]
How do I get to Košice?	Ako sa dostanem do Košíc? [ako sa dos-ta-njem do-ko-shi:ts]
Which is the quickest way to get there?	Ktorá je najrýchlejšia cesta? [ktora: ye nay-ri:kh-ley-shia tses-ta]
Is that a through/direct train or do I have to change?	Je to priamy vlak, alebo musím presadať/ prestupovať? [ye to pria-mi vlak alebo musi:m pre-sa-datj/ pre-stu-po-vatj]
Where do I need to change?	Kde musím presadať/ prestupovať? [gdje musi:m pre-sa-datj/pre-stu-po-vatj]
Do I have an immediate connection?	Mám hneď prípoj? [ma:m hnjedj pri:poy]

How much is the ticket?	Koľko stojí lístok? [koljko stoyi: li:s-tok]
A single to Banská Bystrica, please.	Prosím si lístok do Banskej Bystrice. [prosi:m si li:s-tok do-ban-skey bis-tri-tse]
A return to..., please.	Prosím si spiatočný lístok do... [prosi:m si spia-totch-ni: li:stok do]
Are there any discounts for students?	Sú nejaké zľavy pre študentov? [su: nje-ya-ke: zlja-vi pre shtu-den-tou]
... for pensioners?	... pre dôchodcov? [pre duo-kho-tsou]
... for children?	... pre deti? [pre dje-tji]
Where is the left luggage office?	Kde je úschovňa batožiny? [gdje ye u:s-khov-nja ba-to-zhi:ni]
I would like to leave my luggage.	Chcel by som uložiť batožinu. [khtsel bi som u-lo-zhitj ba-to-zhi-nu]
I would like to collect my luggage.	Chcel by som vybrať batožinu. [khtsel bi som vi-bratj ba-to-zhi-nu]
What's the charge?	Koľko platím? [koljko pla-tji:m]
You pay twenty crowns.	Platíte 20 korún. [pla-tji:-tje dva-tsatj ko-ru:n]

Which platform is the train to Brno leaving from?	Z ktorého nástupišťa odchádza vlak do Brna? [skto-re:ho na:s-tu-pish-tja ot-kha:dza vlak do-br-na]
Has the train already arrived at the station?	Prišiel už vlak na stanicu? [pri-shiel ush vlak na-sta-ni-tsu]
How much time do we still have before the departure?	Koľko času máme do odchodu? [koljko tcha-su ma:me do-od-kho-du]
Is there a dining-car?	Je v tom vlaku reštauračný vozeň? [ye ftom-to vlaku resh-tau-ratch-ni: vo-zenj]
... sleeping car?	... spací vozeň? [spatsi: vo-zenj]
... carriage going directly to...?	... vozeň idúci priamo do...? [vo-zenj idu:tsi pria-mo do]
Is this the train to Žilina?	Je to vlak do Žiliny? [ye to vlak do zhi-li-ni]
Is this seat free?	Je toto miesto voľné? [ye toto mies-to volj-ne:]
No, it's taken.	Nie, je obsadené. [njie ye op-sa-dje-ne:]
Are there any free seats?	Sú tu nejaké voľné miesta? [su: tu nje-ya-ke: vo-lj-ne: mies-ta]

There's still one free seat.	Je tu ešte jedno miesto voľné.
	[ye tu esh-tje yed-no volj-ne:
	mies-to]
Tickets, please.	Cestovné lístky, prosím.
	[tses-tov-ne: li:st-ki prosi:m]
I'd like to pay extra for the sleeper.	Chcem si priplatiť miesto v spacom vozni.
	[kh-tsem si pri-pla-tjitj
	mies-to fspa-tsom voz-nji]
May I open the window?	Môžem otvoriť okno?
	[muo-zhem ot-vo-ritj ok-no]
May I smoke?	Môžem si zapáliť?
	[muo-zhem si za-pa:-litj]
Where are we?	Kde sme? [gdje zme]
How long do we stay here?	Ako dlho tu budeme stáť?
	[ako dl-ho tu bu-dje-me
	sta:tj]
Only a minute.	Len chvíľku. [len khvi:lj-ku]
What's the next station?	Aká je nasledujúca stanica?
	[aka: ye nas-le-du-yu:-tsa
	sta-nji-tsa]
How far is it to...?	Ako ďaleko je do...?
	[ako dja-le-ko ye do]
There are three stations left.	Už len tri zastávky.
	[uzh len tri za-sta:u-ki]
At what time does the train arrive at...?	Kedy má vlak príchod do…?
	[ķedi ma: vlak pri:-khod do]

■ ■ ■

dining car	jedálny vozeň
	[ye-da:l-ni vo-zenj]

emergency brake/alarm	záchranná brzda [za:kh-ran-na: brz-da]
express train	rýchlik [ri:kh-lik]
left luggage office	úschovňa batožiny [u:s-khov-nja ba-to-zhini]
luggage insurance	poistenie batožiny [pois-tje-njie ba-to-zhi-ni]
platform	nástupište [na:s-tu-pish-tje]
reduced/discounted	zľavnený [zljav-nje-ni:]
railway station	železničná stanica [zhe-lez-nitch-na: sta-ni-tsa]
reserved	obsadené [op-sa-dje-ne:]
reserved seat	miestenka [mies-ten-ka]
return ticket	spiatočný lístok [spia-totch-ni: li:s-tok]
single ticket	jednosmerný lístok [yed-no-smer-ni: li:s-tok]
sleeper ticket	lístok do spacieho vozňa [li:s-tok do spa-tsie-ho voz-nja]
sleeping car	spací vozeň [spa-tsi: vo-zenj]
slow train	osobný vlak [osob-ni: vlak]
smoking compartment	fajčiarske oddelenie [fay-tchiar-ske od-dje-le-njie]
through/direct train	priamy vlak [pria-mi vlak]
timetable	cestovný poriadok [tses-tov-ni: po-ria-dok]
waiting room	čakáreň [tcha-ka:renj]

Coach

Is there a coach to...?
Chodí nejaký autobus do…?
[kho-dji: nje-ya-ki: autobus
do]

**At what time does the
next coach leave
for Nitra?**
Kedy odchádza nasledujúci
autobus do Nitry?
[kedi ot-kha:dza
nas-le-du-yu:tsi autobus
do-nji-tri]

How do I get to Poprad?
Ako sa dostanem do Popradu?
[ako sa dos-ta-njem
do-po-pra-du]

**You have a connection
to Poprad at eleven.**
Do Popradu máte spoj
o 11. hodine.
[do-pop-radu ma:tje spoy o
yede-na:s-tey ho-dji-je]

**There are two coaches
leaving daily for Poprad
– at six a.m., the other
at four p.m.**
Do Popradu chodia dva
autobusy denne – ráno
o šiestej hodine a popoludní
o šestnástej.
[do-po-pra-du kho-djia dva
autobusi dje-nje – ra:no
oshies-tey ho-dji-nje a
po-po-lud-ni:
o shes-na:s-tey]

Are there any seats available on the ten o'clock coach to Nitra?	Sú nejaké voľné miesta na autobus do Nitry o desiatej hodine? [su: nje-ya-ke: volj-ne: mies-ta na autobus do-nji-tri o-dje-sia-tey ho-dji-nje]
A ticket for four o'clock, please.	Prosím si lístok na štvrtú/šestnástu. [prosi:m si li:stok nash-tvr-tu:/shes-na:s-tu]

■ ■ ■

coach	diaľkový autobus [djialj-ko-vi: autobus]
coach station	autobusová stanica [autobus-ova: sta-nji-tsa]

Airplane

Where can I buy air tickets?	Kde si môžem kúpiť letenky? [gdje si muo-zhem ku:pitj le-tjen-ki]
When does a flight for Košice leave?	Kedy letí lietadlo do Košíc? [kedi letji: lie-tad-lo do-ko-shi:ts]
Daily.	Každý deň. [kazhdi: djenj]
Once/Twice a week.	Raz/Dva razy do týždňa. [raz/dva ra-zi do-ti:zh-nja]

Can I book a ticket to London for the fifth of May?	Môžem si rezervovať letenku do Londýna na 5. mája? [muo-zhem si re-zer-vo-vatj le-tjen-ku do-Lon-di:na na pia-te-ho ma:ya]
How much baggage can I take?	Koľko batožiny si môžem zobrať? [koljko ba-to-zhi-ni si muo-zhem zo-bratj]
You can take up to twenty kilograms.	Môžete si zobrať do 20 kilo-gramov. [muo-zhe-tje si zob-ratj do-dva-tsatj ki-lo-gra-mou]
How much is a kilogram of excess weight?	Koľko sa platí za kilogram navyše? [koljko sa platji: za-kilo-gram na-vi-she]
The charge for each additional kilogram is...	Za každý kilogram navyše sa platí... [za-kazh-di: kilogram na-vi-she sa pla-tji:]
How long is the flight?	Ako dlho trvá let? [ako dlho tr-va: let]
The flight lasts two hours.	Let trvá dve hodiny. [let trva: dve ho-dji-ni]
How can I reach the airport?	Ako sa dostanem na letisko? [ako sa dos-ta-njem na le-tjis-ko]

Passengers go to the airport by a special coach.	Pasažieri idú na letisko špeciálnym autobusom. [pa-sa-zhie-ri idu: na le-tjis-ko shpe-tsia:l-nim autobusom]
How else can I get to the airport?	Ako inak sa dostanem na letisko? [ako inak sa dos-ta-njem na letjis-ko]
I have an open return ticket to London.	Mám otvorený spiatočný lístok do Londýna. [ma:m ot-vo-re-ni: spia-totch-ni: li:s-tok do Lon-di:na]
Can I get it confirmed for the fifth of May?	Môžete mi ho potvrdiť na piateho mája? [muo-zhe-tje mi ho pot-vr-djitj na pia-te-ho ma:ya]

■ ■ ■

airplane	lietadlo [lie-tad-lo]
airport	letisko [le-tjis-ko]
air ticket	letenka [le-tjen-ka]
arrivals	prílety [pri:le-ti]
departures	odlety [od-le-ti]
flight	let [let]
international airport	medzinárodné letisko [me-dzi-na:rod-ne: le-tjis-ko]

open return ticket	otvorená spiatočná letenka [ot-vo-re-na: spia-totch-na: le-tjenka]
transfer ticket	prestupná letenka [pre-stup-na: le-tjen-ka]

Boat, ferry

Where can I buy a boat/ ferry ticket?	Kde dostanem kúpiť lístok na loď/trajekt? [gdje dos-ta-njem ku:pitj li:s-tok na lodj/tra-yekt]
At the counter over there.	Pri tamtom okienku. [pri tam-tom o-kien-ku]
At/On the landing stage.	Na naloďovacom mostíku. [na na-lo-djo-va-tsom mos-tji:ku]
On the deck.	Na palube. [na-pa-lu-be]
I'd like to book four seats for tomorrow.	Prosím si štyri miesta na zajtra. [prosi:m si shti-ri mies-ta na-zay-tra]
I want a first class cabin.	Prosím si kajutu prvej triedy. [prosi:m si ka-yu-tu prvey trie-di]
Does the ferry take passengers and vehicles?	Berie trajekt ľudí aj autá? [berie trayekt lju-dji: ay au-ta:]

Tickets for a car and three persons, please.	Prosím si lístky pre auto a tri osoby. [prosi:m si li:stki pre au-to a tri o-so-bi]
From which pier does the boat depart?	Z ktorého móla odchádza loď? [s-kto-re:ho mo:la ot-kha:-dza lodj]
I'd like to hire a deck-chair.	Chcem si prenajať ležadlo. [khtsem si pre-na-yatj le-zhad-lo]
Where can I find the ship's doctor?	Kde nájdem lodného lekára? [gdje na:y-djem lod-ne:ho le-ka:ra]
May I have some medicine for sea-sickness?	Máte nejaký liek proti morskej chorobe? [ma:tje nje-ya-ki: liek pro-tji mor-skey kho-ro-be]

■ ■ ■

boat	čln [tch-ln]
boat, ship	loď [lo-dj]
cabin	kajuta [ka-yuta]
captain	kapitán [ka-pi-ta:n]
deck	paluba [pa-lu-ba]
embark	nalodiť sa [na-lo-djitj sa]
embarkation card	palubná vstupenka [pa-lub-na: vstu-pen-ka]
ferry boat, ferry	trajekt [tra-yekt]
landing card	vstupenka na trajekt [vstu-pen-ka na tra-yekt]

landing stage	mostík [mos-tji:k]
lifebelt	záchranné koleso [za:khran-ne: ko-le-so]
lifeboat	záchranný čln [za:khran-ni: tch-ln]
life-jacket	záchranná vesta [za:khran-na: ves-ta]
pier	mólo [mo:lo]
raft	plť [pltj]
shipping company	plavebná spoločnosť [pla-veb-na: spo-lotch-nostj]
wharf	nábrežie/prístavisko [na:b-re-zhie/pri:s-ta-vis-ko]

Car

Can I park here?

Môžem tu parkovať?
[muo-zhem tu par-ko-vatj]

Where can I park?

Kde sa dá parkovať?
[gdje sa da: par-ko-vatj]

The car park is behind the hotel.

Parkovisko je vzadu za hotelom.
[par-ko-vis-ko ye vza-du za-ho-te-lom]

How much does it cost per hour for parking?

Koľko stojí jedna hodina parkovania?
[koljko stoyi: yed-na ho-dji-na par-ko-va-njia]

Shall I pay now or when I leave?	Platí sa hneď alebo až pri odchode?
	[pla-tji: sa hnjedj a-le-bo ash pri-od-kho-dje]
Where is the nearest garage?	Kde je najbližší servis?
	[kdje ye nay-blish-shi: ser-vis]
Is there a petrol station around here?	Je tu niekde benzínové čerpadlo?
	[ye tu njiek-dje ben-zi:no-ve: tcher-pad-lo]
Ten litres of regular, please.	Prosím si 10 litrov normálu.
	[prosi:m si dje-satj lit-rou nor-ma:-lu]
Fill it up, please./Full tank, please.	Doplna, prosím.
	[do-pl-na prosi:m]
Fill my petrol can too, please.	Naplňte mi, prosím, aj kanistru.
	[na-plnj-tje mi prosi:m ay ka-nis-tru]
Can you repair my car, please?	Môžete mi opraviť auto?
	[muo-zhe-tje mi op-ra-vitj auto]
... clean my windscreen?	... umyť predné sklo?
	[umitj pred-ne: sklo]
... clean the rear window?	... umyť zadné sklo?
	[umitj zad-ne: sklo]
... check the tyre pressure?	... skontrolovať tlak v pneumatikách?
	[skon-tro-lo-vatj tlak v-pneu-ma-ti-ka:kh]

... change the wheel?	... vymeniť koleso? [vi-me-njitj ko-le-so]
... adjust the brakes?	... nastaviť brzdy? [nas-ta-vitj brz-di]
... charge the battery?	... nabiť akumulátor? [na-bitj a-ku-mu-la:tor]
The right front tyre needs air.	Pravú prednú pneumatiku treba nahustiť. [pravu: prednu: pneumatiku tre-ba na-hus-tjitj]
Can you pump the tyres?	Môžete mi nahustiť pneumatiky? [muo-zhe-tje mi na-hus-tjitj pne-uma-ti-ki]
Can you do it right away?	Môžete to spraviť hneď? [muo-zhe-tje to spra-vitj hnjedj]
Of course.	Samozrejme. [sa-mo-zrey-me]
It can't be repaired today.	Dnes to nemôžeme opraviť. [dnjes to nje-muo-zhe-me o-pra-vitj]
Wash my car, please.	Umyte mi, prosím, auto. [u-mi-tje mi prosi:m auto]
When will it be ready?	Kedy to bude hotové? [ke-di to bu-dje ho-to-ve:]
While you wait.	Na počkanie. [na-potch-ka-njie]
Is my car ready?	Už mám auto hotové? [uzh ma:m auto ho-to-ve:]

Is this right for Banská Bystrica?	Idem správne do Banskej Bystrice? [idjem spra:v-nje do-ban-skey bis-tri-tse]
You're going in the wrong direction.	Idete nesprávne. [idje-tje nje-spra:v-nje]
You have to go back.	Musíte sa vrátiť. [mu-si:tje sa vra:-tjitj]
Go back as far as the crossing and turn right there.	Vráťte sa na križovatku a tam odbočte doprava. [vra:tj-tje sa na kri-zho-vat-ku a tam od-botch-tje do-prava]
I'll show it to you on the map.	Ukážem vám to na mape. [uka:zhem va:m to na-ma-pe]
Your car documents, please.	Vaše doklady, prosím. [vashe dok-la-di prosi:m]
I have an international driving license.	Mám medzinárodný vodičský preukaz. [ma:m medzi-na:rod-ni: vo-djitch-ski: pre-ukaz]
Have I committed any offence?	Dopustil som sa niečoho? [do-pus-tjil som sa njie-tcho-ho]
You were exceeding the speed limit.	Prekročili ste povolenú rýchlosť. [pre-kro-tchi-li stje po-vo-le-nu: ri:kh-lostj]
You have to pay a fine.	Zaplatíte pokutu. [za-pla-tji:-tje po-ku-tu]

Excuse me, I'm a foreigner and I don't know your traffic rules.	Prepáčte, som cudzinec, nepoznám tunajšie predpisy. [pre-pa:tch-tje som tsu-dzi-njets nje-poz-na:m tu-nay-shie pred-pi-si]
Could you help me push the car?	Pomohli by ste mi potlačiť auto? [po-moh-li bi stje mi po-tla-tchitj auto]
Can you take my car in tow?	Môžete ma odtiahnuť? [muo-zhe-tje ma ot-tjiah-nutj]
I've had an accident.	Mal som nehodu. [mal som nje-ho-du]
It wasn't my fault.	Nebola to moja vina./ Nezavinil som to. [nje-bo-la to moya vina/ nje-za-vi-njil som to]
Please call the police.	Zavolajte políciu. [za-vo-lay-tje po-li-tsiu]
... a doctor.	... lekára. [le-ka:ra]
... an ambulance.	... sanitku. [sa-nit-ku]
Can you be a witness, please?	Môžete mi ísť za svedka? [muo-zhe-tje mi i:stj za svet-ka]
Is your car insured?	Máte auto poistené? [ma:tje auto po-is-tje-ne:]
I have international car insurance.	Mám medzinárodné poistenie. [ma:m me-dzi-na:rod-ne: po-is-tje-njie]

I would like to hire a car	Chcel by som si prenajať auto [khtsel bi som si pre-na-yatj auto]
... for a day.	... na jeden deň. [na yeden denj]
... for three days.	... na tri dni. [na tri dnji]
... for a week.	... na týždeň. [na ti:zh-djenj]
... for a month.	... na mesiac. [na me-siats]
How much does it cost to rent a car?	Čo stojí prenájom auta? [tcho stoyi: pre-na:yom auta]

■ ■ ■

accident	nehoda [nje-hoda]
brake	brzda [brz-da]
brake lights	brzdové svetlá [brz-do-ve: svet-la:]
car insurance	poistenie vozidla [po-istje-njie vo-zid-la]
car park	parkovisko [par-ko-vis-ko]
clutch	spojka [spoy-ka]
crossing/intersection	križovatka [kri-zho-vat-ka]
diesel fuel	nafta [naf-ta]
diversion	obchádzka [ob-kha:dz-ka]
driving license	vodičský preukaz [vo-djitch-ski: pre-ukaz]
filter lane/slip road	odbočovací pás [od-bo-tcho-va-tsi: pa:s]
garage	autoservis/autoopravovňa [auto-ser-vis/ auto-opra-vov-nja]

headlight	reflektor [ref-lek-tor]
indicators	smerovky [sme-rou-ki]
lead-free petrol/ unleaded petrol	bezolovnatý benzín [bez-olov-nati: benzi:n]
motorway	diaľnica [djialj-nji-tsa]
one way street	jednosmerná cesta [yedno-smer-na: tses-ta]
petrol/gas	benzín [ben-zi:n]
petrol station/ gas station	benzínové čerpadlo [ben-zi:-no-ve: tcher-pad-lo]
rear-view mirror	spätné zrkadlo [spet-ne: zr-kad-lo]
registration book	technický preukaz [tekh-nits-ki: pre-ukaz]
reverse	spiatočka [spia-totch-ka]
super petrol	super [su-per]
to come from the opposite	ísť z protismeru [i:stj s-proti-smeru]
to reverse	cúvať [tsu:vatj]
traffic lane	jazdný pás [yazd-ni: pa:s]
tyre	pneumatika [pneu-ma-ti-ka]
wheel	koleso [ko-le-so]
windscreen wipers	stierače [stjie-ra-tche]

9. At the restaurant

A table for two, please.	Stôl pre dvoch, prosím. [stuol pre-dvokh prosi:m]
Is this table free?	Je tento stôl voľný? [ye ten-to stuol volj-ni:]
Are these seats taken?	Sú tu voľné miesta? [su: tu volj-ne: mies-ta]
Would you mind our sitting here?	Dovolíte, aby sme si prisadli? [do-vo-li:-tje abi sme si pri-sad-li]
Please do.	Nech sa páči. [njekh sa pa:tchi]
Waitress, will you take my order, please?	Slečna, môžem si u vás objednať? [sletch-na muo-zhem si u-va:s obied-natj]
Have you given your order?	Máte už objednané? [ma:tje uzh ob-ied-na-ne:]
May we have the menu, please?	Prosíme si jedálny lístok. [prosi:me si ye-da:l-ni li:s-tok]
Here you are.	Nech sa páči. [njekh sa pa:tci]
What will you drink?	Čo si dáte na pitie? [tcho si da:tje na pi-tjie]
Will you have some soup?	Dáte si polievku? [da:tje si po-lieu-ku]

I am in a hurry. I want something ready cooked.	Ponáhľam sa. Chcem nejaké hotové jedlo. [po-na:h-ljam sa kh-tsem nje-ya-ke: ho-to-ve: yed-lo]
And for you, sir?	A pre vás, pane? [a pre va:s pa-nje]
I'll have the same.	Mne to isté. [mnje to is-te:]
Can we have the bill, please?	Môžeme zaplatiť? [muo-zhe-me za-pla-tjitj]
I think you've made a mistake.	Myslím, že ste sa pomýlili. [mis-li:m zhe stje sa po-mi:-li-li]
Here, this is for you.	To je pre vás. [to ye pre-va:s]

■ ■ ■

bar	bar [bar]
bill	účet [u:tchet]
bowl	hlboký tanier [hl-bo-ki: ta-njier]
breakfast	raňajky [ra-njay-ki]
café	kaviareň [ka-via-renj]
coffee	káva [ka:-va]
cup	šálka [sha:l-ka]
dessert	múčnik [mu:tch-njik]
dinner	večera [ve-tche-ra]
dish	misa [mi-sa]
entrée	predjedlo [pred-yed-lo]
fast food restaurant	rýchle občerstvenie/bufet [ri:kh-le op-tcher-stve-njie/ bu-fet]

fork	vidlička [vid-litch-ka]
glass	pohár [po-ha:r]
knife	nôž [nuozh]
lunch	obed [o-bed]
main course	hlavné jedlo [hlav-ne: yed-lo]
meal	jedlo [yed-lo]
plate	tanier [ta-njier]
pub	piváreň [pi-va:renj]
ready cooked meal	hotové jedlo [ho-tove: yed-lo]
restaurant	reštaurácia [resh-tau-ra:tsia]
salad dressing	šalátová zálievka [sha-la:to-va: za:-lieu-ka]
self-service	samoobsluha [sa-mo-ob-slu-ha]
side plate	tanierik [ta-njie-rik]
snack	ľahké jedlo [ljakh-ke: yed-lo]
soup	polievka [po-lieu-ka]
spoon	lyžica [li-zhi-tsa]
stewed fruit	kompót [kom-po:t]
tea	čaj [tchay]
teaspoon	čajová lyžička [tcha-yo-va: li-zhitch-ka]
vegetarian food	vegetariánske jedlo [ve-ge-ta-ria:n-ske yed-lo]
waiter	čašník [thash-nji:k]
waitress	čašníčka [thash-nji:tch-ka]

Meals

boiled potatoes	varené zemiaky [va-re-ne: ze-mia-ki]
bouillon	bujón [bu-yo:n]
broccoli au gratin	zapekaná brokolica [za-pe-ka-na: bro-ko-li-tsa]

57

chicken soup	kuracia polievka [ku-ra-tsia po-lieu-ka]
chips	hranolky [hra-nol-ki]
dumplings	knedle [kned-le]
dumplings with eggs	halušky s vajcom [ha-lush-ki z-vay-tsom]
fish cake	rybacia fašírka [ri-ba-tsia fa-shi:r-ka]
fish soup	rybacia polievka [ri-ba-tsia po-lieu-ka]
fried fish	vyprážaná ryba [vi-pra:zha-na: ri-ba]
fried cheese	vyprážaný syr [vi-pra:zha-ni: sir]
fried chicken	vyprážané kura [vi-pra:zha-ne: ku-ra]
fried mushrooms	vyprážané huby/šampiňóny [vi-pra:zha-ne: hu-bi/ sham-pi-njo:ni]
fried cauliflower	vyprážaný karfiol [vi-pra:zha-ni: kar-fi-ol]
fruit dumplings	ovocné knedle [o-vots-ne: kned-le]
gnocchi	halušky [ha-lush-ki]
half board	polovičná porcia [po-lo-vitch-na: por-tsia]
lentil soup	šošovicová polievka [sho-sho-vi-tso-va: po-lieu-ka]
mashed potatoes	zemiaková kaša [ze-mia-ko-va: ka-sha]

pancakes	palacinky [pa-la-tsin-ki]
pasta	cestoviny [ces-to-vi-ni]
pea soup	hrachová polievka [hra-kho-va: po-lieu-ka]
pork chop	bravčová kotleta [brau-tcho-va: kot-le-ta]
potato au gratin	zapekané zemiaky [za-pe-ka-ne: ze-mia-ki]
rice	ryža [ri-zha]
risotto	rizoto [ri-zo-to]
rissole	fašírka [fa-shi:r-ka]
roast beef	hovädzia pečienka [ho-ve-dzia pe-tchien-ka]
roast chicken	pečené kura [pe-tche-ne: ku-ra]
roast potatoes	opekané zemiaky [o-pe-ka-ne: ze-mia-ki]
soufflé	nákyp [na:kip]
soup	polievka [po-lieu-ka]
steamed dumplings	parené buchty [pa-re-ne: bukh-ti]
tomato soup	paradajková polievka [pa-ra-day-ko-va: po-lieu-ka]
vegetable soup	zeleninová polievka [ze-lenji-no-va: po-lieu-ka]
yeast dumplings	kysnuté knedle [kis-nu-te: kned-le]

10. In the town

Traffic

Excuse me, I don't know this town.
Prepáčte, nepoznám toto mesto.
[pre-pa:tch-tje nje-poz-na:m toto mes-to]

I'm looking for this address.
Hľadám túto adresu.
[hlja-da:m tu:to ad-re-su]

Can you show me the way on this map?
Môžete mi ukázať cestu na mape?
[muo-zhe-tje mi u-ka:zatj tses-tu na-ma-pe]

Is it far from here?
Je to odtiaľto ďaleko?
[ye to o-tjialj-to djaleko]

Can I walk there?
Dôjdem tam pešo?
[duoi-djem tam pe-sho]

Which bus do I take to get to...?
Akým autobusom sa dostanem do...?
[aki:m autobusom sa dos-ta-njem do]

You have to take a number fourteen bus.
Musíte ísť autobusom číslo 14.
[mu-si:te i:stj autobusom tchi:s-lo shtr-na:stj]

Is there a taxi rank near here?	Je tu niekde neďaleko stanovište taxíkov? [ye tu njiekdje nje-djaleko sta-no-vish-tje taksi:kou]
Are you free?	Ste voľný? [stje vol-ni:]
Please take me to... street number...	Odvezte ma, prosím, na... ulicu číslo... [od-ves-tje ma prosi:m na u-litsu tchi:s-lo]
How much is it?	Koľko platím? [koljko pla-tji:m]
Where is the nearest underground station, please?	Kde je najbližšia stanica metra? [gdje ye nay-blish-ia sta-nitsa met-ra]
Is there a bus stop around here?	Je tu niekde autobusová zastávka? [ye tu njiek-dje autobusova: zas-ta:u-ka]
Which bus goes to the centre of town?	Ktorá linka ide do centra? [kto-ra: lin-ka idje do-tsen-tra]
Where can I get tickets?	Kde sa kupujú lístky? [gdje sa ku-pu-yu: li:st-ki]
One ticket, please.	Prosím si jeden lístok. [prosi:m si yeden li:s-tok]
This is a request stop.	Toto je zastávka na znamenie. [toto ye zas-ta:u-ka na-zna-me-njie]

When is the first morning bus to...?	Kedy ide prvý ranný autobus do...? [kedi idje prvi: ran-ni: autobus do]
When is the last night tram to...?	Kedy ide posledná nočná električka do...? [kedi idje pos-led-na: notch-na: e-lek-tritch-ka do]
Buses run all night at forty minute intervals.	Autobusy jazdia celú noc v štyridsaťminútových intervaloch. [autobusi yaz-djia tselu: nots f-shti-ri-tsatj mi-nu:to-vi:kh in-ter-va-lokh]
Would you tell me when we get to the railway station?	Poviete mi, prosím, keď budeme na železničnej stanici? [po-vie-tje mi prosi:m kedj bu-djeme na-zhe-lez-nitch-ney sta-ni-tsi]
Get off at the next stop.	Vystúpite na nasledujúcej zastávke. [vis-tu:pi-tje na-nas-le-du-yu:-tsey zas-ta:u-ke]
Go as far as the terminal and then take a number twenty five bus.	Pôjdete až na konečnú, a potom autobusom číslo 25. [poui-dje-tje azh na-konetch-nu: a po-tom autobusom tchi:s-lo dva-tsatj petj]

| **Excuse me, would you let me pass?** | Môžem prejsť?/S dovolením? [muo-zhem preistj/ z-do-vo-le-nji:m] |

Bank

Where can I change money?	Kde sa dajú vymeniť peniaze? [gdje sa dayu: vi-me-njitj pe-njia-ze]
What is the exchange rate for the pound today?	Aký je dnes kurz libry? [aki: ye dnjes kurz lib-ri]
Where is the exchange office, please?	Kde je zmenáreň? [gdje ye zme-na:renj]
I'd like to cash this cheque.	Chcel by som vybrať peniaze na tento šek. [khtsel bi som vi-bratj pe-njia-ze na-ten-to shek]
How much will you withdraw?	Koľko si vyberiete? [koljko si vi-be-rie-tje]
Will you take out the whole amount?	Vyberiete si celú čiastku? [vi-be-rie-tje si tse-lu: tchiast-ku]
Give me only a thousand crowns.	Dajte mi len 1000 korún. [day-tje mi len tji-si:ts ko-ru:n]
Please sign here?	Podpíšte sa tu, prosím. [pod-pi:sh-tje sa tu prosi:m]
Could you change a hundred crowns?	Mohli by ste mi rozmeniť sto korún? [moh-li bi stje mi roz-me-njitj sto ko-ru:n]

■ ■ ■

bank	banka [ban-ka]
exchange office	zmenáreň [zme-na:renj]
exchange rate	kurz [kurz]

Post office

What is the postage for a postcard...	Koľko je poštovné na pohľadnicu... [koljko ye posh-tov-ne: na-poh-ljad-nji-tsu]
... to the UK?	... do Británie? [do-Bri-ta:nie]
... a letter?	... na list? [na-list]
What is the rate for a registered letter?	Koľko je poštovné za doporučený list? [koljko ye posh-tov-ne: za-do-po-ru-tche-ni: list]
Fill in this registration form.	Vyplňte podací lístok. [vi-plnj-tje po-da-tsi: li:s-tok]
A six crown stamp, please.	Prosím si jednu šesťkorunovú známku. [prosi:m si yed-nu shestj-ko-ru-no-vu: zna:m-ku]

■ ■ ■

air-mail	letecky [le-tjets-ki]
counter, window	okienko [o-kien-ko]
envelope	obálka [o-ba:l-ka]
postbox	poštová schránka [posh-to-va: skhra:n-ka]
post office	pošta [posh-ta]
postcard	pohľadnica [po-hljad-nji-tsa]
registered letter	doporučený list [do-po-ru-tsche-ni: list]
stamp	známka [zna:m-ka]
stationery	listový papier [lis-to-vi: pa-pier]

Phone

I'd like to book a call to the UK.	Chcem si objednať hovor do Veľkej Británie. [khtsem si ob-yed-natj ho-vor do-velj-key bri-ta:nie]
What's the cost of a minute call?	Koľko stojí minúta hovoru? [koljko stoyi: mi-nu:ta ho-voru]
Will I have to wait long?	Budem čakať dlho? [bu-djem tcha-katj dlho]
London on the line.	Máte tu Londýn. [ma:tje tu lon-di:n]

Booth number two.	Hovorňa číslo 2.
	[ho-vor-nja tchi:s-lo dva]
How much is it?	Koľko platím?
	[koljko pla-tji:m]

■ ■ ■

public phone	telefónna búdka
	[te-le-fo:n-na bu:t-ka]
telephone booth	telefónna hovorňa
	[te-le-fo:n-na ho-vor-nja]
local call	miestny hovor
	[miest-ni ho-vor]
phone card	telefónna karta
	[te-le-fo:n-na kar-ta]
phone number	telefónne číslo
	[te-le-fo:n-ne tchi:s-lo]
telephone directory	telefónny zoznam
	[te-le-fo:n-ni zoz-nam]
trunk call	medzimestský hovor
	[me-dzi-mes-ki: ho-vor]

11. At the doctor's

Where is the nearest hospital?
Kde je najbližšia nemocnica?
[gdje ye nay-blish-shia nje-mots-nji-tsa]

Is there a chemist around here?
Kde je tu nejaká lekáreň?
[gdje ye tu nje-ya-ka: le-ka:renj]

Send for a doctor.
Zavolajte lekára.
[za-vo-lay-tje le-ka:ra]

Call an ambulance.
Zavolajte sanitku.
[za-vo-lay-tje sa-nit-ku]

What is the matter/ what is your problem?
Čo vás trápi?
[tcho va:s tra:pi]

I have a fever.
Mám horúčku.
[ma:m ho-ru:tch-ku]

I have a headache.
Bolí ma hlava.
[bo-li: ma hla-va]

... a stomachache.
... žalúdok. [zha-lu:-dok]

... a sore throat.
... hrdlo. [hrd-lo]

I have a pain here.
Tu ma bolí. [tu ma bo-li:]

I am wounded.
Poranil som sa.
[po-ra-njil som sa]

He/she is unconscious.
Je v bezvedomí.
[ye v-bez-ve-do-mi:]

Take a deep breath.
Dýchajte zhlboka.
[di:khay-tje s-hl-bo-ka]

Cough.	Zakašlite. [za-kash-li-tje]
Open your mouth.	Otvorte ústa. [ot-vor-tje u:s-ta]

Diseases

angina	bolesť srdca [bo-lestj sr-tsa]
appendicitis	zápal slepého čreva [za-pal sle-pe:ho tchre-va]
bleeding	krvácanie [kr-va:tsa-nije]
blister	pľuzgier [pljuz-gier]
breathlessness	dýchavičnosť [di:kha-vitch-nostj]
bruise	pomliaždenina [po-mliazh-dje-nji-na]
burn	popálenina [po-pa:le-nji-na]
constipation	zápcha [za:p-kha]
coronary disease	cievna choroba [tsiev-na kho-ro-ba]
cough	kašeľ [ka-shelj]
cramp	kŕč [kr:tch]
cut	porezanie [po-re-za-nije]
diabetes	cukrovka [tsu-krou-ka]
diarrhoea	hnačka [hnatch-ka]
dog bite	pohryznutie psom [po-hriz-nu-tjie psom]
ear-ache	bolesť ucha [bo-lestj ukha]
fainting	mdloba [mdlo-ba]
fever	horúčka [ho-ru:tch-ka]
flu	chrípka [khri:p-ka]
fracture	zlomenina [zlo-me-nji-na]

68

headache	bolesť hlavy [bo-lestj hla-vi]
heartburn	pálenie záhy [pa:le-njie za:hi]
high blood pressure	vysoký krvný tlak
	[vi-so-ki: krv-ni: tlak]
indigestion	pokazený žalúdok
	[po-ka-ze-ni: zha-lu:-dok]
insect bite	poštípanie hmyzom
	[po-shti:pa-njie hmi-zom]
kidney pain	bolesť obličiek
	[bo-lestj ob-li-tchiek]
kidney stones	obličkové kamene
	[ob-litch-ko-ve: ka-me-nje]
low blood pressure	nízky krvný tlak
	[nji:ski krv-ni: tlak]
neurosis	neuróza [neu-ro:za]
pneumonia	zápal pľúc [za:-pal plju:ts]
poisoning	otrava [o-tra-va]
pus	hnis [hnjis]
rheumatism	reumatizmus [reu-ma-tiz-mus]
sore throat	zapálené hrdlo
	[za-pa:le-ne: hrd-lo]
sprain	vyvrtnutie nohy
	[vi-vrt-nu-tjie no-hi]
stomachache	bolesť brucha
	[bo-lestj bru-kha]
sun stroke	úpal [u:pal]
sunburn	spálenie slnkom
	[spa:le-njie sln-kom]
toothache	bolesť zuba [bo-lestj zu-ba]
ulcer	vred [vred]

vomiting	vracanie [vra-tsa-njie]
wound	rana [ra-na]

Parts of the body

ankle	členok [tchle-nok]
bladder	močový mechúr [mo-tcho-vi: me-khu:r]
bone	kosť [kostj]
duodenum	dvanástnik [dva-na:st-njik]
ear	ucho [ukho]
elbow	lakeť [la-ketj]
eye	oko [oko]
finger	prst na ruke [prst na-ru-ke]
foot	chodidlo [kho-djid-lo]
gall bladder	žlčník [zhltch-nji:k]
hand	ruka [ru-ka]
head	hlava [hla-va]
heart	srdce [sr-tse]
hip	bok [bok]
chest	hruď [hrudj]
intestine	črevo [tchre-vo]
intestines	vnútornosti [vnu:tor-nos-tji]
kidney	oblička [ob-litch-ka]
knee	koleno [ko-le-no]
leg	noha [no-ha]
liver	pečeň [pe-tchenj]
lungs	pľúca [plju:-tsa]
mouth	ústa [u:s-ta]
neck	krk [krk]

nose	nos [nos]
palm	dlaň [dlanj]
ribs	rebrá [reb-ra:]
shoulder	rameno [ra-me-no]
skin	pokožka [po-kozh-ka]
spine	chrbtica [khrb-tji-tsa]
spleen	slezina [sle-zi-na]
stomach	žalúdok [zha-lu:dok]
thigh	stehno [stjeh-no]
toe	prst na nohe [prst na-no-he]

Medicine and medical devices

aspirin	acylpyrín [a-tsil-pi-ri:n]
cotton wool	vata [va-ta]
cough syrup	sirup proti kašľu [si-rup pro-ti kash-lju]
disinfectant	dezinfekčný prostriedok [de-zin-fek-tchni: pros-trie-dok]
drops	kvapky [kvap-ki]
drops for the heart	srdcové kvapky [sr-tso-ve: kvap-ki]
elastic bandage	elastický obväz [e-las-tits-ki: ob-ves]
eye drops	očné kvapky [otch-ne: kvap-ki]
gauze	gáza [ga:za]
iodine	jód/jódová tinktúra [yo:d/yo:-do-va: tink-tu:ra]

laxative	preháňadlo [pre-ha:njad-lo]
medicine	liek [liek]
narrow bandage	úzky obväz [u:ski ob-vez]
needle	ihla (injekčná) [ih-la (in-yek-tchna:)]
nose drops	nosové kvapky [noso-ve: kvap-ki]
ointment	masť [mastj]
painkiller	liek proti bolesti [liek pro-ti bo-les-tji]
pills/tablets	tabletky [tab-let-ki]
pressure gauge	tlakomer [tla-ko-mer]
sleeping pills	tabletky na spanie [tab-let-ki na-spa-njie]
sticking plaster	náplasť na rany [na:plastj na-ra-ni]
stomach drops	žalúdočné kvapky [zha-lu:dotch-ne: kvap-ki]
syringe	striekačka [strie-katch-ka]
thermometer	teplomer [tjep-lo-mer]
wide bandage	široký obväz [shi-ro-ki: obvez]

12. At the police

Help me, please, officer.	Pán policajt, pomôžte mi, prosím. [pa:n po-li-tsayt po-mouzh-tje mi prosi:m]
I've just been robbed.	Okradli ma. [o-krad-li ma]
I had my papers stolen.	Ukradli mi dokumenty. [u-krad-li mi do-ku-men-ti]
... money...	... peniaze. [pe-njia-ze]
... car...	... auto. [au-to]
... baggage...	... batožinu. [ba-to-zhi-nu]
Please inform the British embassy.	Upovedomte, prosím, britské veľvyslanectvo. [u-po-ve-dom-tje prosi:m brits-ke: velj-vis-la-nets-tvo]
Please contact our consulate/embassy.	Zavolajte, prosím, náš konzulát/naše veľvyslanectvo. [za-vo-lay-te prosi:m na:sh kon-zu-la:t/nashe velj-vis-la-nets-tvo]
I need an interpreter.	Potrebujem tlmočníka. [po-tre-bu-yem tl-motch-ni:-ka]

■ ■ ■

police station   policajná stanica
                              [po-li-tsay-na: sta-nji-tsa]
policeman/constable   policajt [po-li-tsayt]

13. Shopping

Hours of business
Otváracie hodiny
[o-tva:-ra-tsie ho-dji-ni]

To go shopping.
Nakupovať. [na-ku-po-vatj]

Shops are open from nine a.m. till six p.m.
Obchody sú otvorené od 9. do 18. hodiny.
[op-kho-di su: ot-vo-re-ne:
od dje-via-tey do
o-sem- na:s-tey ho-dji-ni]

Where is there a department store?
Kde je obchodný dom?
[gdje ye op-khod-ni: dom]

Where can I buy shoes?
Kde dostanem kúpiť topánky?
[gdje dos-ta-njem ku:pitj
to-pa:n-ki]

... food?
... potraviny? [po-tra-vi-ni]

... clothes?
... odevy? [o-dje-vi]

I'd like to buy some souvenirs.
Chcem kúpiť nejaké suveníry.
[khtsem ku:pitj nje-ya-ke:
su-ve-ni:ri]

What can I do for you?
Čím vám môžem poslúžiť?
[tchi:m va:m muo-zhem
po-slu:zhitj]

What will you have, madam?
Prajete si?
[pra-ye-tje si]

Thank you, I'm just looking.	Ďakujem, len sa pozerám. [dja-ku-yem len sa po-ze-ra:m]
Are you being served?	Dostávate? [dos-ta:va-tje]
Do you have…?	Máte...? [ma:tje]
Could you show it to me, please?	Môžete mi to ukázať? [muo-zhe-tje mi to u-ka:zatj]
May I have...?	Dajte mi... [day-te mi]
I'll take this.	Vezmem si toto. [vez-mem si to-to]
Anything else?	Ešte niečo? [esh-tje njie-tcho]
That's all, thank you.	To je všetko. [to ye fshet-ko]
Give me another one.	Dajte mi ešte jeden. [day-te mi esh-tje ye-den]
I'd prefer something less expensive.	Chcel by som niečo lacnejšie. [khtsel bi som njie-tcho lats-ney-shie]
Pay at the (cashier's) desk, please.	Platí sa pri pokladnici. [plati: sa pri-po-klad-nji-tsi]

Stores

bakery	pekáreň [pe-ka:renj]
barbers	holičstvo [ho-litch-stvo]
bookshop	kníhkupectvo [knji:kh-ku-pets-tvo]
butchers	mäsiarstvo [me-siar-stvo]
chemists	drogéria [dro-ge:ria]
clothes	odevy [o-dje-vi]
cosmetics	parfuméria [par-fu-me:ria]

dairy/milkshop	mliekáreň [mlie-ka:renj]
delicatessen	lahôdky [la-huod-ki]
department store	obchodný dom [op-khod-ni: dom]
drapery	látky [la:t-ki]
electrical appliances	elektro(spotrebiče) [e-lek-tro(spot-re-bi-tche)]
florist's	kvetinárstvo [kve-tji-na:r-stvo]
footwear	obuv [o-buv]
furniture	nábytok [na:bi-tok]
greengrocers	ovocie zelenina [o-vo-tsie ze-le-nji-na]
grocers	potraviny [po-tra-vi-ni]
haberdasher	(textilná) galantéria [(teks-til-na:) ga-lan-te:ria]
hairdressers	kaderníctvo [ka-der-nji:ts-tvo]
hardware store	železiarstvo [zhe-le-ziar-stvo]
jewellers	klenotníctvo [kle-not-nji:ts-tvo]
pharmacy	lekáreň [le-ka:renj]
ready-made clothes	konfekcia [kon-fek-tsia]
stationers	papiernictvo [pa-pier-nits-tvo]
tobacconists	tabak [ta-bak]
toyshop	hračky [hratch-ki]

Foods

bread	chlieb [kh-liep]
butter	maslo [mas-lo]
curd/cottage cheese	tvaroh [tva-rokh]
egg	vajce [vay-tse]

cheese	syr [sir]
– soft	– mäkký [meki:]
– grated	– strúhaný [stru:-ha-ni:]
– processed	– tavený [ta-ve-ni:]
double cream	šľahačka [shlja-hatch-ka]
flour	múka [mu:ka]
margarine	margarín [mar-ga-ri:n]
milk	mlieko [mlie-ko]
pastry	múčnik [mu:tch-njik]
roll/bread roll	rožok [ro-zhok]
sandwich	sendvič [send-vitch]
yoghurt	jogurt [yo-gurt]

Meat

bacon	slanina [sla-nji-na]
beef	hovädzie mäso/hovädzina [ho-ve-dzie meso/ ho-ve-dzi-na]
canned/tinned meat	mäsová konzerva [me-so-va: kon-zer-va]
chicken	kurča [kur-tcha]
duck	kačica [ka-tchi-tsa]
ham	šunka [shun-ka]
lamb	baranie mäso/baranina/ jahňacina [ba-ra-njie meso/ ba-ra-nji-na/ yah-nja-tsi-na]
liver	pečeň [pe-tchenj]
pâté	paštéta [pash-te:ta]

pork	bravčové mäso [brau-tcho-ve: meso]
rib	rebierko [re-bier-ko]
salami	saláma [sa-la:ma]
sausage	párok/klobása [pa:rok/klo-ba:sa]
sirloin	sviečková [svietch-ko-va:]
turkey	morka [mor-ka]
poultry	hydina [hi-dji-na]
veal	teľacie mäso [tje-lja-tsie meso]

Fish

canned/tinned fish	ryby v konzerve [ri-bi f-kon-zer-ve]
carp	kapor [ka-por]
cod	treska [tres-ka]
eel	úhor [u:hor]
fresh fish	čerstvá ryba [tchers-tva: ri-ba]
fresh-water fish	sladkovodná ryba [slat-ko-vod-na: ri-ba]
frozen fish	mrazená ryba [mra-ze-na: ri-ba]
kipper	údenáč [u:dje-na:tch]
pike	šťuka [sh-tju-ka]
salmon	losos [lo-sos]
salt-water fish	morská ryba [mor-ska: ri-ba]
smoked fish	údená ryba [u:dje-na: ri-ba]
trout	pstruh [ps-trukh]

Fruit, vegetables

apple	jablko [ya-bl-ko]
broccoli	brokolica [bro-ko-li-tsa]
cabbage	kapusta [ka-pus-ta]
carrot	mrkva [mrk-va]
cauliflower	karfiol [kar-fiol]
cherries	čerešne [tche-resh-nje]
cranberries	brusnice [brus-nji-tse]
cucumber	uhorka [u-hor-ka]
grapes	hrozno [hroz-no]
lemon	citrón [tsit-ro:n]
lettuce	hlávkový šalát
	[hla:u-ko-vi: sha-la:t]
kohlrabi	kaleráb [ka-le-ra:b]
morello cherry	višne/morelky
	[vish-nje/mo-relki]
nuts	orechy [o-re-khi]
onion	cibuľa [tsi-bu-lja]
orange	pomaranč [po-ma-rantch]
parsley	petržlen [pe-trzh-len]
pear	hruška [hrush-ka]
pineapple	ananás [a-na-na:s]
plums	slivky [sliu-ki]
potatoes	zemiaky [ze-mia-ki]
radish	reďkovka [redj-kou-ka]
raspberries	maliny [ma-li-ni]
strawberries	jahody [ya-ho-di]
tangerines	mandarínky [man-da-ri:n-ki]
tomatoes	paradajky [pa-ra-day-ki]

Drinks

beer	pivo [pi-vo]
– a half	– malé [ma-le:]
– a pint	– veľké [velj-ke:]
– light	– svetlé [svet-le:]
– dark	– čierne [tchier-ne]
– bottled	– fľaškové [fljash-ko-ve:]
– on top	– čapované [tcha-po-va-ne:]
coffee	káva [ka:va]
– with cream	– so šľahačkou [zo-shla-hatch-kou]
– with milk	– s mliekom [z-mlie-kom]
fizzy drink	sýtená limonáda
(i. e. Vinea, Relax, etc.)	[si:tje-na: li-mo-na:da]
juice	džús [dzu:s]
milk shake	mliečny koktejl [mlietch-ni kok-teil]
mineral water	minerálka [mi-ne-ra:l-ka]
soda water	sóda [so:da]
soft drinks	nealkoholické nápoje [nje-al-ko-ho-lits-ke: na:po-ye]
tea	čaj [tchay]
water	voda [vo-da]
wine	víno [vi:no]
– dry	– suché [su-khe:]
– medium dry	– polosladké [po-lo-slat-ke:]
– red	– červené [tcher-ve-ne:]

– sparkling	– šumivé [shu-mi-ve:]
– sweet	– sladké [slat-ke:]
– white	– biele [bie-le]

Clothes

anorak	vetrovka/bunda [vet-rou-ka/bun-da]
bra	podprsenka [pot-pr-sen-ka]
coat	plášť [pla:shtj]
gloves (a pair of)	rukavice (jedny) [ru-ka-vi-tse (yed-ni)]
jacket	sako [sa-ko]
short-sleeved blouse	blúzka s krátkymi rukávmi [blu:ska skra:t-ki-mi ru-ka:u-mi]
long-sleeved blouse	blúzka s dlhými rukávmi [blu:ska zdl-hi:mi ru-ka:u-mi]
skirt	sukňa [suk-nja]
suit (for ladies)	kostým [kos-ti:m]
suit (for gentlemen)	oblek [o-blek]
sweater	sveter [sve-ter]
tie	viazanka [via-zan-ka]
trousers	nohavice [no-ha-vi-tse]
T-shirt	tričko [tritch-ko]
underwear	spodná bielizeň [spod-na: bie-li-zenj]

Shoes

heel	podpätok [pot-pe-tok]
– low	– nízky [ni:s-ki]
– semi-low	– polovysoký [po-lo-vi-so-ki:]
hiking boots	turistické topánky [tu-ris-titske: to-pa:n-ky]
shoes	topánky [to-pa:n-ki]
– children's	– detské [djets-ke:]
– high heel	– na vysokom podpätku [na-vi-so-kom pot-pe-tku]
– ladies'	– dámske [da:m-ske]
– men's	– pánske [pa:n-ske]
(walking-)shoes	poltopánky [pol-to-pa:n-ki]
sandals	sandále [san-da:le]
shoelaces	šnúrky do topánok [shnu:r-ki do-to-pa:nok]
tennis shoes	lodičky [lo-djitch-ki]

Toilet accessories

body lotion	telové mlieko [tje-lo-ve: mlie-ko]
comb	hrebeň [hre-benj]
day cream	denný krém [djen-ni: kre:m]
hair shampoo	šampón na vlasy [sham-po:n na-vla-si]
hair spray	lak na vlasy [lak na-vla-si]

hairbrush	kefa na vlasy [ke-fa na-vla-si]
hand cream	krém na ruky [kre:m na-ru-ki]
lipstick	rúž [ru:zh]
nail file	pilnik na nechty [pil-njik na-nekh-ti]
nail polish	lak na nechty [lak na-nekh-ti]
nail polish remover	odlakovač (na nechty) [od-la-ko-vatch (na-nekh-ti)]
nail scissors	nožničky na nechty [nozh-nitch-ki na-nekh-ti]
night cream	nočný krém [notch-ni: kre:m]
razor blades	žiletky [zhi-let-ki]
shaver	holiaci strojček [ho-lia-tsi stroy-tchek]
shoe polish	krém na topánky [kre:m na-to-pa:n-ki]
soap	mydlo [mid-lo]
sun block	ochranný krém [okh-ran-ni: kre:m]
suntan lotion	krém na opaľovanie [kre:m na-opa-ljo-va-njie]
toothbrush	zubná kefka [zub-na: kef-ka]
toothpaste	zubná pasta [zub-na: pas-ta]

Accessories

belt	opasok [o-pa-sok]
bracelet	náramok [na:ra-mok]
brooch	brošňa [brosh-nja]

chain	retiazka [re-tjias-ka]
costume jewellery	bižutéria [bi-zhu-te:ria]
ear-rings	náušnice [na:ush-nji-tse]
gloves	rukavice [ru-ka-vi-tse]
handbag	kabelka [ka-bel-ka]
hat	klobúk [klo-bu:k]
ivory	slonovina [slo-no-vi-na]
necklace	náhrdelník [na:hr-djel-nji:k]
pendant	prívesok [pri:ve-sok]
purse	peňaženka [pe-nja-zhen-ka]
ring	prsteň [prs-tjenj]
strap/watch-band	náramok na hodinky [na:ra-mok na-ho-djin-ki]
umbrella	dáždnik [da:zh-njik]
watch	hodinky [ho-djin-ki]
wrist-watch	náramkové hodinky [na:ram-ko-ve: ho-djin-ki]

Smoking supplies

ashtray	popolník [po-pol-nji:k]
cigarette paper	cigaretový papier [tsi-ga-re-to-vi: pa-pier]
cigars	cigary [tsi-ga-ri]
cigarettes	cigarety [tsi-ga-re-ti]
filter cigarettes	cigarety s filtrom [tsi-ga-re-ti sfil-trom]
nicotine-free c.	beznikotínové cigarety [bez-ni-ko-ti:no-ve: tsi-ga-re-ti]

very mild c.	veľmi slabé cigarety
	[velj-mi sla-be: tsi-ga-re-ti]
mild c.	slabé cigarety
	[sla-be: tsi-ga-re-ti]
strong c.	silné cigarety
	[sil-ne: tsi-ga-re-ti]
lighter	zapaľovač [za-pa-ljo-vatch]
matches	zápalky [za:pal-ki]
pipe	fajka [fay-ka]
tobacco	tabak [ta-bak]

14. Looking for a job

I'm looking for a job

Hľadám si prácu.
[hlja-da:m si pra:tsu]

I would like to do a part time job.

Chcel by som pracovať na skrátený úväzok.
[khtsel bi som pra-tso-vatj na-skra:tje-ni: u:ve-zok]

I have a work permit.

Mám pracovné povolenie.
[ma:m pra-tsov-ne: po-vo-le-njie]

I would like to be employed on your farm.

Chcel by som sa zamestnať na vašej farme.
[khtsel bi som sa za-mest-natj na-vashey far-me]

I was told you need someone.

Počul som, že hľadáte pracovníka.
[po-tshul som zhe hlja-da:tje pra-tsov-nji:ka]

Have you had any experience in this kind of work?

Máte nejaké skúsenosti s prácou tohto druhu?
[ma:tje nje-yake: sku:se-nos-tji spra:tsou tokh-to dru-hu]

Yes, I worked on a farm two years ago.

Áno, pracoval som na farme pred dvoma rokmi. [a:no pra-tso-val som na-far-me pred-dvo-ma rok-mi]

All right, come tomorrow morning.	Dobre, príďte zajtra ráno. [dob-re pri:tje zay-tra ra:no]
At what time should I come?	O koľkej mám prísť? [o-kolj-key ma:m pri:stj]
What education did you receive?	Aké máte vzdelanie? [ake: ma:tje vzdje-la-njie]
I graduated from...	Absolvoval som... [ap-sol-vo-val som]
... secondary school.	... strednú školu. [stred-nu: shko-lu]
... secondary vocational school.	... priemyselnú školu. [prie-mi-sel-nu: shko-lu]
... business school.	... ekonomickú školu. [e-ko-no-mits-ku: shko-lu]
... university.	... univerzitu. [u-ni-ver-zitu]

■ ■ ■

application	žiadosť [zhia-dostj]
apply	uchádzať sa/žiadať [u-kha:dzatj sa/zhia-datj]
brainwork	duševná práca [du-shev-na: pra:tsa]
education	vzdelanie [vzdje-la-njie]
employment	zamestnanie [za-mest-na-njie]
manual work	manuálna práca [ma-nu-a:l-na pra:tsa]
part-time job	práca na skrátený úväzok [pra:tsa na-skra:tje-ni: u:ve-zok]

post/position	pozícia/funkcia [pozi:tsia/funk-tsia]
salary	plat [plat]
skilled work	odborná (kvalifikovaná) práca [od-bor-na: (kva-li-fi-ko-va-na:) pra:tsa]
staff vacancies	voľné miesta [volj-ne: mies-ta]
un-skilled work	neodborná (nekvalifikovaná) práca [nje-od-bor-na: (nje-kva-li-fi-ko-va-na:) pra:tsa]
wage	mzda [mzda]
work/job	práca [pra:tsa]
baby sitter	opatrovateľka detí [o-pa-tro-va-telj-ka dje-tji:]
bricklayer	murár [mu-ra:r]
carpenter	tesár [tje-sa:r]
cook	kuchár [ku-kha:r]
farmer	roľník [rolj-nji:k]
house maid	pomocnica v domácnosti [po-mots-nji-tsa v-do-ma:ts-nos-tji]
mechanic	mechanik [me-kha-nik]
painter	maliar [ma-liar]
specialist	odborník/expert [od-bor-nji:k/eks-pert]
technician	technik [tekh-nik]

15. Services

I'd like to have my hair cut.	Chcel by som si dať ostrihať vlasy. [khtsel bi som si datj os-tri-hatj vla-si]
... my hair styled.	... upraviť účes. [u-pra-vitj u:tches]
... my moustache and beard trimmed.	... upraviť bradu a fúzy. [u-pra-vitj bra-du a fu:zi]
... my suit cleaned.	... vyčistiť oblek. [vi-tchis-tjitj o-blek]
... my shirt ironed.	... vyžehliť košeľu. [vi-zheh-litj ko-she-lju]
... the button sewed.	... prišiť gombík. [pri-shitj gom-bi:k]
... zip altered.	... prešiť zips. [pre-shitj zips]
... my shoes repaired.	... opraviť topánky. [o-pra-vitj to-pa:n-ki]
Could you repair theses shoes for me?	Môžete mi opraviť tieto topánky? [muo-zhe-tje mi o-pra-vitj tie-to to-pa:n-ki]
Where is the nearest dry cleaner's?	Kde je najbližšia chemická čistiareň? [gdje ye nay-bli-shia khe-mits-ka: tchis-tjia-renj]

Where is the nearest launderette here?	Kde je najbližšia práčovňa? [gdje ye nay-bli-shia pra:tchov-nja]
... clothes-repair shop?	... opravovňa odevov? [o-pra-vo-vnja o-dje-vou]
... shoe-repair shop?	... opravovňa obuvi? [o-pra-vo-vnja o-bu-vi]
Could I have this washed?	Môžete mi toto oprať? [muo-zhe-tje mi to-to o-pratj]
When will it be ready?	Kedy to bude hotové? [ke-di to bu-dje ho-to-ve:]
Do I pay now or later?	Platím teraz alebo neskôr? [pla-ti:m te-raz a-lebo nes-kuor]
How much is it?	Koľko platím? [koljko pla-ti:m]

16. Entertainment, sports

A programme, please.	Prosím si program. [prosi:m si pro-gram]
Are the seats numbered?	Sú sedadlá očíslované? [su: se-da-dla: o-tchi:slo-va-ne:]
Have you any seats for tomorrow?	Máte lístky na zajtra? [ma:tje li:st-ki na-zay-tra]
How much are the tickets for...?	Koľko stoja lístky na...? [koljko sto-ya li:st-ki na]
In which row would you like the seats?	Do ktorého radu? [do-kto-re:ho ra-du]
In the fifth or sixth row, please.	Do piateho alebo šiesteho. [do-pia-te-ho a-lebo shies-te-ho]
Is this film shown in the original language version?	Je ten film v origináli/ v originálnej verzii? [ye ten film vo-ri-gi-na:li/ vo-ri-gi-na:l-ney ver-zii]
May I have two seats for today, please?	Dajte mi dva lístky na dnes. [day-tje mi dva li:st-ki na-dnjes]
Sold out	Vypredané [vi-pre-da-ne:]
What's on?	Čo hrajú? [tcho hra-yu:]

I'd like to rent...	Chcel by som si požičať... [khtsel bi som si po-zhi-tchat]
What is the charge per hour?	Koľko sa platí za hodinu? [koljko sa platji: za-ho-dji-nu]

■ ■ ■

admission	vstupné [fstup-ne:]
admission free	vstup voľný [vstup volj-ni:]
cinema	kino [ki-no]
complimentary ticket	voľná vstupenka [volj-na: fstu-pen-ka]
drama	činohra [tchi-no-hra]
gallery	galéria [ga-le:ria]
performance	predstavenie [prets-ta-ve-njie]
season ticket	abonentná vstupenka [a-bo-nen-tna: fstu-pen-ka]
theatre	divadlo [dji-vad-lo]
ticket	vstupenka [fstu-pen-ka]

■ ■ ■

ball	lopta/loptička [lop-ta/lop-tich-ka]
beach	pláž [pla:zh]
bicycle	bicykel [bi-tsi-kel]
bicycle hire	požičovňa bicyklov [po-zhi-tchov-nja bi-tsi-klou]
boat	čln [tchln]
cableway	lanovka [la-nou-ka]

chair lift	sedačková lanovka
	[se-datch-ko-va: la-nou-ka]
climbing gear	horolezecký výstroj
	[ho-ro-le-zets-ki: vi:s-troy]
climbing rope	horolezecké lano
	[ho-ro-le-zets-ke: la-no]
cross-country skis	bežky [besh-ki]
cross-country track	bežecká trať [be-zhets-ka tratj]
cycle path	chodníky pre cyklistov
	[khod-nji:ki pre-cik-lis-tou]
deck chair	ležadlo [le-zhad-lo]
downhill run	zjazdovka [ziaz-dou-ka]
funicular	pozemná lanovka
	[po-zem-na: la-nou-ka]
hiking	horská turistika
	[hor-ska: tu-ris-ti-ka]
hill walking	vysokohorská turistika
	[vi-so-ko-hor-ska:
	tu-ris-ti-ka]
hockey	hokej [ho-key]
horse riding	jazdectvo [yaz-djets-tvo]
indoor swimming pool	krytá plaváreň
	[kri-ta: pla-va:renj]
map	mapa [ma-pa]
motorboat	motorový čln
	[mo-to-ro-vi: tchln]
(mountain) climber	horolezec/horolezkyňa
	[ho-ro-le-zets/
	ho-ro-les-ki-nja]
mountaineering	horolezectvo
	[ho-ro-le-zets-tvo]

Mountain Rescue Service	Horská služba [hor-ska: sluzh-ba]
oar	veslo [ves-lo]
racket	raketa [ra-ke-ta]
rock climber	skalolezec/skalolezkyňa [ska-lo-le-zets/ ska-lo-les-ki-nja]
saddle	sedlo [sed-lo]
sailing boat	plachetnica [pla-khet-nji-tsa]
sign for hikers	turistická značka [tu-ris-tits-ka: zna-tch-ka]
skating	korčuľovanie [kor-tchu-ljo-va-njie]
ski	lyže [li-zhe]
(ski) binding	(lyžiarske) viazanie [(li-zhiar-ske) via-za-njie]
skier	lyžiar [li-zhiar]
ski boots	lyžiarske topánky [li-zhiar-ske to-pa:nki]
ski goggles	lyžiarske okuliare [li-zhiar-ske o-ku-lia-re]
ski lift	lyžiarsky vlek [li-zhiar-ski vlek]
ski resort	lyžiarske stredisko [li-zhiar-ske stre-djis-ko]
ski sticks	lyžiarske palice [li-zhiar-ske pa-li-tse]
skier	lyžiar [li-zhiar]
skiing	lyžovanie [li-zho-va-nje].
snow suit	lyžiarska kombinéza [li-zhiar-ska kom-bi-ne:za]

sport equipment	športový výstroj [shpor-to-vi: vi:s-troj]
sports outfitter	obchod so športovými potrebami [op-chod zo-shpor-to-vi:mi po-tre-ba-mi]
spring safety hook	(horolezecká) karabínka [(ho-ro-le-zets-ka:) ka-ra-bi:n-ka]
swim	plávať [pla:vatj]
swimming pool	plaváreň [pla-va:renj]
swimming suit	plavky [plau-ki]
table tennis	stolný tenis [stol-ni: te-nis]
tennis court	tenisový dvorec [te-ni-so-vi: dvo-rets]
parasol	slnečník [sl-netch-nji:k]
yacht	jachta [yakh-ta]